Introdução

Conheça os 11 Membros da Realeza Britânica - biografias voltadas para as idades de 12 anos ou mais.

Bem-vindo à série Líderes Mundiais, que nesta obra lhe introduz a membros muito importantes da família real britânica da casa de Windsor. Este livro, Os **11 Membros da Realeza Britânica**, apresenta biografias inspiradoras de algumas pessoas importantes do Reino Unido.

O livro Os **11 Membros da Realeza Britânica** é uma leitura interativa e educativa para leitores de todas as idades. Começando por George V, passando pela própria rainha e seus netos e indo além como um viajante do tempo, através dos séculos, na Casa de Windsor. Desde a Princesa Diana até Meghan Markle com retratos de mais de 120 anos de história, este livro terá todos os fãs reais em seu trono!

Estes 11 membros da realeza britânica são mais do que apenas o avô e a avó. Eles são líderes mundiais. Este livro fornece as histórias de suas vidas e realizações, apresentando fatos e fotos para ajudá-lo a se lembrar de todos eles.

Este livro da série Líderes Mundiais **inclui:**

- Biografias fascinantes - Leia sobre os 11 membros mais importantes da casa de Windsor: George V, Edward VIII, George VI, Elizabeth II, Philip, Charles, Diana, William, Catherine, Harry e Meghan.
- Retratos vívidos - Traga estes membros da família real britânica à vida em sua imaginação com a ajuda de ilustrações estimulantes.

Sobre a série: A série Líderes Mundiais da editora **Student Press Books** apresenta novas perspectivas sobre os membros da realeza britânica que vão inspirar os jovens leitores a entender seu próprio lugar na sociedade e aprender sobre a história.

O livro 11 Membros da Realeza Britânica vai além de outros livros de biografia e destaca informações que outros livros deixam de fora. Quem é seu membro favorito da família real?

Seu Presente

Você tem um livro em suas mãos.

Não é um livro qualquer, é um livro de livros para a imprensa estudantil! Nós escrevemos sobre os heróis negros, a capacitação das mulheres, mitologia, filosofia, história, e outros assuntos interessantes!

Desde que você comprou um livro, queremos que você tenha outro de graça.

Tudo o que você precisa é um endereço de e-mail e a possibilidade de assinar nossa newsletter (o que significa que você pode cancelar a inscrição a qualquer momento).

Então, do que você está esperando? Inscreva-se hoje e reclame seu livro gratuito imediatamente! Tudo o que você precisa fazer é visitar o link abaixo e digitar seu endereço de e-mail. Você receberá o link para baixar a versão em PDF do livro imediatamente para que possa ser lido offline a qualquer momento.

E não se preocupe - não há taxas de captura ou escondidas; apenas um bom brinde à moda antiga de nós aqui na Student Press Books.

Visite este link agora mesmo e inscreva-se para receber seu exemplar gratuito de um de nossos livros!

Link: https://campsite.bio/studentpressbooks

George V (1865-1936)
Antigo rei do Reino Unido

O rei da Grã-Bretanha durante a Primeira Guerra Mundial foi George V. Seu reinado durou de 1910 a 1936. Durante a atmosfera antialemã dos anos da guerra, ele cortou a conexão da família real britânica com todas as coisas alemãs e renomeou sua linha, anteriormente Saxe-Coburg-Gotha, como a casa de Windsor.

George Frederick Ernest Albert nasceu em Londres, Inglaterra, em 3 de junho de 1865. George V foi neto da rainha Vitória e segundo filho do príncipe Albert Edward, mais tarde rei Edward VII. Desde os 12 anos de idade, foi treinado para uma carreira na marinha. Ele havia subido ao posto de comandante na Marinha Real quando a morte de seu irmão mais velho o fez herdeiro ao trono aos 26 anos de idade.

George V começou então um treinamento mais especializado para prepará-lo para o papel de monarca. Criado duque de York em 1892, ele casou-se com a princesa Mary de Teck, que havia sido noiva do irmão de George V, em 1893. Quando seu pai se tornou rei em 1901, George foi nomeado duque da Cornualha e príncipe de Gales. Ele ascendeu ao trono após a morte de seu pai em 1910.

Como rei, George manteve as sábias políticas de governo constitucional seguidas por seu pai. No início de seu reinado, George enfrentou uma luta constitucional na qual o governo liberal estava tentando ganhar a aprovação de um projeto de lei limitando o poder da Câmara dos Lordes, a Câmara Alta do Parlamento. Os liberais asseguraram uma promessa do rei de criar novos pares suficientes para superar a oposição conservadora ao projeto na Câmara dos Lordes.

Após a vitória dos liberais na eleição de 1910, a Câmara dos Lordes cedeu e aprovou a Lei do Parlamento (1911) sem que o rei tivesse que cumprir sua promessa. O respeito pelo Rei Jorge aumentou muito durante a Primeira Guerra Mundial, e ele visitou a frente na França várias vezes.

O reinado de George viu mudanças na relação entre a monarquia e partes do Império Britânico. Na Irlanda, a Ascensão Pascal de 1916 provocou uma rebelião que resultou na criação do Estado Livre Irlandês em 1922. Em 1931, o Parlamento aprovou o Estatuto de Westminster, que reconheceu o direito do Estado Livre Irlandês e outros dominios dentro da Comunidade Britânica de controlar seus próprios assuntos internos e externos. A coroa britânica tornou-se o elo de ligação entre a pátria e os domínios autogovernados.

A celebração do jubileu de prata de George em 1935 deu ao público uma oportunidade de expressar seu afeto e admiração por ele. O rei morreu em 20 de janeiro de 1936. Ele foi sucedido por seu filho Eduardo, príncipe de Gales, que se tornou Eduardo VIII. George V teve outros cinco filhos: Alberto, duque de York, que sucedeu Eduardo como Jorge VI; Henrique, duque de Gloucester; Jorge, duque de Kent; o príncipe João, que morreu jovem; e Maria, a princesa real, condessa de Harewood.

Destaques

- Criado duque de York (maio de 1892), George V casou-se (julho de 1893) com a Princesa Mary de Teck, que havia sido noiva de seu irmão.

Os 11 Membros da Realeza Britânica

A Biografia da Casa de Windsor: Rainha Elizabeth II e Príncipe Philip, Harry e Meghan, e Outros (Livro de Biografia para Jovens e Adultos)

Por Student Press Books

Tabela de conteúdo

- Criado duque da Cornualha e príncipe de Gales após a adesão de seu pai (1901), George V sucedeu seu pai em 6 de maio de 1910, e foi coroado em 22 de junho de 1911.
- Após o sucesso liberal na eleição de dezembro de 1910, a Câmara dos Lordes cedeu e aprovou a Lei do Parlamento (1911), e o rei não teve que cumprir sua promessa.
- O respeito pelo Rei George aumentou muito durante a Primeira Guerra Mundial, e ele visitou a frente na França várias vezes.

Questões de pesquisa

---

1. O que você gostaria de saber sobre a monarquia britânica?
2. Quem é seu aristocrata favorito na história e por quê?
3. Qual membro real você gostaria de ser seu BFF?

Edward VIII (1894-1972)

Antigo rei do Reino Unido

Eduardo VIII reinou como rei do Reino Unido por menos de um ano. Ele abdicou, ou desistiu do trono, em dezembro de 1936, para casar-se com Wallis Warfield Simpson, dos Estados Unidos. Ele foi o único soberano britânico a renunciar voluntariamente à coroa.

Edward nasceu em 23 de junho de 1894, em Richmond, Surrey, Inglaterra. Filho mais velho de George, duque de York, tornou-se herdeiro do trono em 1910 quando seu pai se tornou Rei George V. Em 1911 foi feito príncipe de Gales. Durante a Primeira Guerra Mundial, ele serviu como oficial de pessoal.

Após a guerra e durante o início dos anos 20, o príncipe Eduardo fez extensas viagens de boa vontade ao império britânico. Nos anos 30, ele se interessou cada vez mais por assuntos nacionais e se tornou muito popular entre o povo britânico.

Eduardo tinha quase 42 anos de idade quando se tornou rei após a morte de Jorge V, em 20 de janeiro de 1936. No final daquele ano, ele expressou o desejo de se casar com Wallis Warfield Simpson, que ele conhecera em 1930. Simpson, um americano, já havia se casado duas vezes, e seu segundo divórcio ainda não era definitivo.

Os governos britânico e da Commonwealth se opuseram fortemente a este casamento por não estar de acordo com a dignidade da coroa britânica. Edward, no entanto, havia se decidido e, em 10 de dezembro de 1936, ele abdicou. Seu irmão mais novo tomou o trono como George VI. O primeiro ato do novo rei foi dar o nome de seu irmão duque de Windsor. O duque casou-se com Simpson na França em 3 de junho de 1937, e ela se tornou a duquesa de Windsor.

De 1937 a 1939 e depois de 1945, o duque e a duquesa fizeram sua casa em Paris, França. Durante a Segunda Guerra Mundial, a convite do Primeiro Ministro britânico Winston Churchill, ele serviu como governador das Bahamas, que era então uma colônia britânica. Embora fossem contados entre a elite social, só em 1967 foram convidados a participar de uma cerimônia pública oficial com outros membros da família real.

Edward VIII morreu em Paris em 28 de maio de 1972. A duquesa morreu lá em 24 de abril de 1986. Eles foram enterrados lado a lado no cemitério real de Frogmore, nos terrenos do Castelo de Windsor, na Inglaterra.

Destaques

- O filho mais velho de Jorge, duque de York (depois Rei Jorge V), e a Princesa Maria de Teck (depois Rainha Maria), Eduardo VIII tornou-se herdeiro ao trono na adesão de seu pai (6 de maio de 1910).
- Embora treinado (1907-11) para a Marinha Real, Eduardo VIII foi comissionado na Guarda de Granadeiro do exército após o início da Primeira Guerra Mundial (6 de agosto de 1914) e serviu como oficial de pessoal.
- O início da Segunda Guerra Mundial não conseguiu fechar a brecha entre o duque e sua família e, após visitar Londres, ele aceitou um cargo como oficial de ligação com os franceses.

- Eduardo VIII foi o único soberano britânico a renunciar voluntariamente à coroa.

---

1. Se você pudesse fazer uma pergunta a um Royal britânico, qual seria?
2. Se você tivesse nascido em uma família real, você gostaria de ser rei ou princesa?
3. Você acha que devemos manter ou abolir a monarquia?

George VI (1895-1952)

Quando o rei Eduardo VIII renunciou ao trono britânico em dezembro de 1936, seu irmão Albert, duque de York, o substituiu e tomou o nome de George VI. Foi durante seu reinado que o Reino Unido lutou pela vitória na Segunda Guerra Mundial, a Índia e o Paquistão conquistaram sua independência, e o Império Britânico evoluiu para a Comunidade das Nações.

George conquistou o respeito de seu povo ao observar conscientemente as responsabilidades de um monarca constitucional e ao superar a desvantagem de um gaguejo severo.

Albert Frederick Arthur George nasceu em 14 de dezembro de 1895, em Sandringham, Norfolk, Inglaterra. Ele foi o segundo filho do futuro rei George V. Como Príncipe Alberto, serviu na Marinha Real e no Royal Naval Air Service durante a Primeira Guerra Mundial e depois freqüentou o Trinity College, Cambridge, em 1919-20. Em 3 de junho de 1920, ele foi nomeado duque de York. Em 1923 ele casou-se com Lady Elizabeth Angela Marguerite Bowes-Lyon. Eles tiveram dois filhos, Elizabeth (depois Rainha Elizabeth II) e Margaret (depois Condessa de Snowdon).

Embora sua esposa, Elizabeth, se opusesse desesperadamente a que ele se tornasse rei por causa de sua saúde precária e do fato de George gaguejar mal, ele era o próximo herdeiro do trono britânico. Ele foi proclamado rei em 11 de dezembro de 1936, após a abdicação de Eduardo VIII, e foi oficialmente coroado em 12 de maio de 1937.

Durante toda a Segunda Guerra Mundial, o rei e a rainha permaneceram com seu povo. Sua presença em Londres durante os ataques aéreos e suas mensagens transmitidas durante esses anos de ansiedade e tensão fizeram muito para animar e inspirar o povo da Grã-Bretanha. O rei George apoiou a liderança em tempo de guerra do primeiro-ministro Winston Churchill e visitou seus exércitos em várias frentes de batalha.

O rei Jorge deixou de ser imperador da Índia quando a Índia e o Paquistão se tornaram países independentes separados em 1947. Em 1949, porém, ele foi formalmente reconhecido como chefe da Comunidade das Nações pelos governos de seus estados membros.

A partir de 1948, a saúde de George se deteriorou. George morreu em 6 de fevereiro de 1952, poucos meses após ter sido operado de câncer de pulmão. Sua filha Elizabeth tomou o trono como Rainha Elizabeth II. A viúva de George, Elizabeth, tomou o título de mãe rainha e continuou a manter o afeto do povo britânico durante toda a sua vida; ela morreu em 2002 com a idade de 101 anos.

Destaques

- Em 3 de junho de 1920, George VI foi criado o Duque de York.
- Eles tiveram dois filhos: A Princesa Elizabeth (depois Rainha Elizabeth II) e a Princesa Margaret (depois Condessa de Snowdon).
- O duque de York assumiu o trono em 11 de dezembro de 1936, após a abdicação de seu irmão Eduardo VIII; George VI foi oficialmente proclamado rei no dia seguinte.

- Ele tomou o nome de George VI e foi coroado em 12 de maio de 1937.

1. Por que as pessoas acham os reais tão fascinantes?
2. O que seria necessário para revogar a cidadania da família real?
3. A monarquia está se tornando mais ou menos popular do que nunca, o que você acha?

Elizabeth II (nascida em 1926)

A Rainha do Reino Unido

Elizabeth II tornou-se rainha do Reino Unido da Grã-Bretanha e da Irlanda do Norte em 1952. Como Elizabeth I da Era de Ouro da Inglaterra, Elizabeth II chegou ao trono quando tinha apenas 25 anos de idade. Elizabeth II passou a ser a monarca britânica que mais tempo reinou na Grã-Bretanha.

O pai de Elizabeth era Albert, duque de York, segundo filho do Rei George V. Sua mãe era Lady Elizabeth Bowes-Lyon, um membro da aristocracia escocesa. A princesa Elizabeth nasceu em 21 de abril de 1926, na casa dos pais de sua mãe, Lord e Lady Strathmore, em Londres. Cinco semanas depois, ela foi batizada no Palácio Buckingham e batizada Elizabeth Alexandra Mary, depois de três rainhas de seu país.

Elizabeth II tinha 4 anos de idade quando sua irmã, Margaret Rose, nasceu (21 de agosto de 1930). Apesar da diferença de idade, as princesas se tornaram companheiras próximas. Margaret Rose era animada e maliciosa; Elizabeth, bastante séria e pensativa.

A casa londrina da família era uma grande casa vitoriana em 145 Piccadilly. As férias de verão eram geralmente passadas na Escócia e fins de semana na casa de campo do duque, Royal Lodge, no Windsor Great Park, 40 quilômetros a oeste de Londres. Aqui as crianças tinham uma casa de brincar, um presente do povo do País de Gales. Seu nome era "Y Bwthyn Bach", ou "The Little Thatched House". Era completa com pequenos móveis, linhos, luzes elétricas, encanamentos e janelas que abriam e fechavam. Como somente crianças podiam se levantar nela, as próprias princesas a limparam e a mantiveram em ordem.

As princesas não foram à escola, mas foram ensinadas por uma governanta, a senhorita Marion Crawford, uma jovem escocesa. Sua rotina diária variava pouco de dia para dia. Elizabeth, aos 5 anos de idade, levantou-se às 6 da manhã e saiu para uma aula de equitação com um noivote.

Após o café da manhã, ela e sua irmã foram para o quarto dos pais. Elas passaram o resto da manhã com sua governanta. Depois do almoço, tiveram aulas de francês, voz e piano. À tarde, tocavam no jardim, geralmente com a governanta. Eles ficavam tão absorvidos em seus jogos de esconde-esconde ou "sardinhas" que raramente notavam as pessoas que se reuniam do lado de fora da cerca do jardim para observá-los.

Raramente tinham a companhia de outras crianças, mas tinham muitos animais de estimação, particularmente cavalos e cães. Ocasionalmente, sua governanta lhes dava um tratamento especial, levando-os para um passeio no metrô (metrô) ou em cima de um ônibus. Eles se vestiam simplesmente, com vestidos de algodão em casa e com casacos de tweed e boinas quando saíam. Foram para a cama cedo, depois de uma visita com seus pais.

Os dias despreocupados de Elizabeth terminaram em 1936. George V, seu avô, morreu no início daquele ano, e antes do final do ano seu tio David (Edward VIII) abdicou. O pai de Elizabeth tornou-se então rei, como George VI, e Elizabeth tornou-se herdeira presunçosa do trono.

A família se mudou para o Palácio Buckingham, a residência real, que era mais como um museu do que uma casa. Dos quartos das princesas, na frente, foram cinco minutos a pé até o jardim, nas traseiras.

A partir deste momento, Elizabeth começou a ser treinada para suas futuras tarefas. De seus pais e de sua avó, a rainha Maria, ela aprendeu a etiqueta da corte e as práticas diplomáticas. Ela estudou a geografia e a história dos países da Commonwealth e dos Estados Unidos e foi conduzida ao Eton College para aulas particulares de direito constitucional.

Elizabeth tinha 13 anos quando a Segunda Guerra Mundial eclodiu, em 1939. No ano seguinte as bombas começaram a cair em Londres, e as princesas foram enviadas para a fortaleza do castelo de Windsor, por razões de segurança. Em 13 de outubro de 1940, Elizabeth retornou a Londres para fazer sua primeira transmissão, de uma sala no Palácio de Buckingham.

Em uma voz claramente confiante, ela disse às crianças de toda parte que as crianças da Grã-Bretanha estavam "cheias de alegria e coragem". Antes do fim da guerra, ela se juntou ao ramo feminino do Exército e fez treinamento como motorista de automóveis e mecânica.

Elizabeth teve o privilégio, muitas vezes negado à realeza, de se casar com um homem que amava. Durante a guerra, ela conheceu o príncipe Philip, um oficial da Marinha Real. Felipe nasceu em 10 de junho de 1921, na ilha grega de Corfu. Como filho do príncipe André da Grécia, ele estava na fila para o trono grego, mas não tinha sangue grego. Através de sua mãe, a princesa Alice, ele era descendente, como Isabel, da rainha Vitória da Inglaterra. Ele havia sido educado na Escócia sob os cuidados de seu tio e guardião, Earl Mountbatten.

Assim que a guerra terminou, Filipe se tornou um visitante freqüente no palácio. Antes de o rei anunciar o noivado do jovem casal, Filipe abandonou seu título de príncipe para se tornar cidadão britânico e tomou o nome de família de sua mãe, Mountbatten. O rei então o criou duque de Edimburgo. Em 20 de novembro de 1947, o casal se casou na Abadia de Westminster. Um filho, o príncipe Charles Philip Arthur George, nasceu em 14 de novembro de 1948, e uma filha, a princesa Anne Elizabeth Alice Louise, em 15 de agosto de 1950.

Em 19 de fevereiro de 1960, a rainha teve um terceiro filho, o príncipe Andrew Albert Christian Edward. Seu quarto filho, o príncipe Edward Antony Richard Louis, nasceu em 10 de março de 1964. Todas estas crianças tinham o sobrenome "de Windsor", mas em 1960 a rainha anunciou que um novo sobrenome, Mountbatten-Windsor, seria carregado pela terceira geração de sua família.

Mesmo antes de se tornar rainha, Elizabeth serviu ao governo como uma hábil embaixadora. Em 1948, ela visitou Paris e foi aclamada pelo povo francês. Em 1951 ela e seu marido fizeram um tour de seis semanas por todas as províncias do Canadá e depois voaram para Washington, D.C., para uma breve visita com o Presidente dos EUA Harry S. Truman e sua esposa.

O casal real estava no Quênia, na primeira etapa de uma viagem de cinco meses à Austrália e Nova Zelândia, quando George VI morreu em 6 de fevereiro de 1952. Elizabeth se tornou automaticamente rainha. Ela e seu marido voaram imediatamente para Londres. Em 8 de fevereiro, a rainha fez o juramento de adesão perante o Conselho Privado.

Elizabeth II foi coroada na Abadia de Westminster em 2 de junho de 1953. Em 1957, Elizabeth conferiu a seu marido o título de príncipe do Reino Unido. Em 1958 ela nomeou o Príncipe Carlos, seu filho mais velho e herdeiro aparente ao trono, príncipe de Gales. Ele foi investido como príncipe de Gales em 1969.

Elizabeth favoreceu a simplicidade na vida da corte e se interessou com conhecimento de causa pelos negócios do governo. Ela viajou muito, por todo o Reino Unido e para muitos países da Commonwealth. Seu reinado foi uma época de escrutínio público sem precedentes da monarquia, especialmente depois do casamento fracassado de seu filho Charles e Diana, princesa de Gales, e da morte de Diana em 1997.

O sentimento popular na Grã-Bretanha voltou-se contra a família real, que se pensava estar fora de contato com a vida britânica contemporânea. Em resposta, Elizabeth buscou apresentar uma imagem menos enfeitada e menos tradicional da monarquia, o que ela fez com algum sucesso. Em 2002, ela celebrou seu Jubileu de Ouro, marcando 50 anos no trono.

Dez anos mais tarde, a rainha celebrou seu Jubileu de Diamantes, marcando 60 anos no trono. O aniversário oficial foi em fevereiro de 2012, mas as principais festividades aconteceram no início de junho. Os eventos incluíram um desfile de barcos no rio Tâmisa e um concerto no Palácio de Buckingham. Em cidades de todo o Reino Unido e da Commonwealth, as pessoas acenderam uma série de mais de 4.000 faróis para comemorar a ocasião. A rainha também apareceu em um culto na Catedral de São Paulo. Finalmente, uma procissão a levou de volta ao Palácio de Buckingham, onde cumprimentou o povo de Londres desde a varanda.

A celebração do Jubileu da Rainha dos Diamantes se estendeu além dos eventos oficiais pelo resto do ano. Membros da família real, incluindo o Príncipe William, Catarina, Duquesa de Cambridge e o Príncipe Harry, fizeram visitas a muitos dos países da Commonwealth. Em 2015 Elizabeth superou a rainha Vitória para se tornar a monarca que mais tempo reinou na história britânica.

Destaques

- Sua coroação foi realizada na Abadia de Westminster em 2 de junho de 1953.
- A partir de novembro de 1953, a rainha e o duque de Edimburgo fizeram um tour de seis meses pela Comunidade Britânica, que incluiu a primeira visita à Austrália e Nova Zelândia por um monarca britânico reinante.
- A rainha parecia cada vez mais consciente do papel moderno da monarquia, permitindo, por exemplo, a transmissão televisiva da vida doméstica da família real em 1970 e tolerando a dissolução formal do casamento de sua irmã em 1978.

Questões de pesquisa

1. Qual foi a coisa mais engraçada que a Rainha Elizabeth II já fez?
2. Qual é sua citação favorita da Rainha Elizabeth II?
3. Além da Inglaterra e do Commonwealth Realms, que são todos dos outros países da Rainha Isabel II?

Philip (1921-2021)

Marido da Rainha Elizabeth II | Duque de Edimburgo

O marido da Rainha Isabel II do Reino Unido era o Príncipe Felipe, duque de Edimburgo. Seu título completo era Príncipe Felipe, duque de Edimburgo, conde de Merioneth e Barão Greenwich.

Philip nasceu em 10 de junho de 1921, em Corfu, Grécia. Seu pai foi o príncipe André da Grécia e da Dinamarca, um filho mais novo do rei Jorge I da Grécia. Sua mãe era a princesa Alice, bisneta da rainha Vitória.

Criado principalmente na Grã-Bretanha, Philip foi educado na Escola Gordonstoun na Escócia e no Royal Naval College. De janeiro de 1940 até o final da Segunda Guerra Mundial, ele serviu com a Marinha Real em combate no Mediterrâneo e no Pacífico.

Em 1947, Philip se tornou um súdito britânico, abdicando de seu direito aos tronos grego e dinamarquês e tomando o sobrenome de sua mãe, Mountbatten. Mais tarde naquele ano, ele se casou com sua prima distante, a princesa Isabel. Na véspera de seu casamento, o rei o fez duque de Edimburgo. Philip continuou em serviço ativo com a Marinha Real até que Elizabeth subiu ao trono em 1952. A partir de então, ele compartilhou a vida oficial e pública dela. Philip e Elizabeth tiveram quatro filhos, incluindo Charles, príncipe de Gales.

Em 1957, Elizabeth conferiu a Philip o título de príncipe do Reino Unido. Em 1960, seu sobrenome foi legalmente combinado com o nome de sua família - como Mountbatten-Windsor - como sobrenome de ramos menores da família real.

A visão de direita de Philip às vezes envergonhava a monarquia ao tentar deixar de lado sua imagem tradicional de alta-costódia. Enquanto grande parte de seu tempo era gasto cumprindo os deveres de seu posto, Philip se dedicava a uma variedade de trabalhos caritativos.

Philip atuou como presidente do World Wildlife Fund (WWF) de 1981 a 1996. Seu programa de prêmios internacionais permitiu que mais de seis milhões de jovens adultos se engajassem em serviços comunitários, desenvolvimento de liderança e atividades de condicionamento físico.

Em 2011, para marcar seu 90º aniversário, Elizabeth conferiu a Philip o título e o cargo de Lorde Alto Almirante, o chefe cerimonial da Marinha Real. Philip foi uma das pessoas mais ocupadas da família real, fazendo mais de 22.000 aparições solo ao longo dos anos. Ele se aposentou da vida pública em agosto de 2017. Philip faleceu em 9 de abril de 2021, no Castelo de Windsor, na Inglaterra.

Destaques

- Criado principalmente na Grã-Bretanha, Philip foi educado na Escola Gordonstoun, perto de Elgin, Moray, Escócia, e no Royal Naval College, Dartmouth, Devon, Inglaterra.
- De janeiro de 1940 até o final da Segunda Guerra Mundial, ele serviu com a Marinha Real em combate no Mediterrâneo e no Pacífico.
- Seu casamento com sua prima distante Princesa Elizabeth ocorreu na Abadia de Westminster em 20 de novembro de 1947.

- Em maio de 2017, foi anunciado que Philip - que era um dos mais movimentados reais, com mais de 22.000 aparições individuais ao longo dos anos - deixaria de realizar compromissos públicos em agosto.

---

1. Você é mais uma pessoa Harry ou Philip?
2. Quem é seu real favorito e por que os ama tanto?
3. Você já ouviu falar de alguém que trabalha na casa real?

Charles (nascido em 1948)

Filho mais velho da Rainha Isabel II | Herdeiro aparente do trono britânico | Príncipe de Gales | Conde de Chester

Quando Elizabeth II tornou-se rainha da Inglaterra em 1952, seu filho mais velho, Charles, tornou-se herdeiro ao trono. Normalmente conhecido como o príncipe de Gales, Carlos também é conde de Chester, duque da Cornualha, duque de Rothesay, conde de Carrick e barão de Renfrew, entre outros títulos.

Uma celebridade internacional da infância, Charles era conhecido como um esportista e como um comentarista franco sobre renovação urbana, pobreza, meio ambiente e outras questões sociais.

Charles Philip Arthur George, cujo nome de família é Windsor, nasceu em Londres no Palácio de Buckingham em 14 de novembro de 1948. Ao contrário dos herdeiros anteriores ao trono, que foram educados no palácio por tutores, o príncipe Charles freqüentou internatos.

Charles freqüentou a Escola Cheam em Headley e a Escola Gordonstoun na Escócia, onde seu pai, o príncipe Philip, o duque de Edimburgo, também havia estudado. Charles estudou arqueologia e antropologia no Trinity College da Universidade de Cambridge, recebendo um bacharelado em 1971 - o primeiro obtido por um herdeiro da coroa britânica. Ele tirou um tempo para estudar a língua galesa em preparação para sua investidura (inauguração cerimonial) como príncipe de Gales em 1º de julho de 1969.

Depois de freqüentar o Royal Air Force College e o Royal Naval College, Charles teve um tour de serviço na Marinha Real até 1976. Ele pilotou aviões e serviu em navios.

Em 29 de julho de 1981, Charles se casou com Lady Diana Spencer, filha de um conde inglês, em um casamento na Catedral de São Paulo que foi televisionado mundialmente. O Príncipe William, seu primeiro filho e segundo na fila para o trono, nasceu em 21 de junho de 1982. Um segundo filho, Henrique (chamado Harry), nasceu em 15 de setembro de 1984. Charles e Diana anunciaram sua separação em 1992 e se divorciaram em 1996. Diana morreu em um acidente automobilístico em 31 de agosto de 1997. Charles se casou com Camilla Parker Bowles em 9 de abril de 2005.

Destaques

- Charles freqüentou o Royal Air Force College (tornando-se um excelente voador) e o Royal Naval College, Dartmouth, e de 1971 a 1976 fez um tour de serviço com a Royal Navy.
- Mais tarde, Charles tornou-se um crítico franco da arquitetura moderna.
- Em 1992 Charles fundou o Instituto de Arquitetura do Príncipe de Gales, que mais tarde evoluiu para o BRE Trust, uma organização envolvida com projetos de regeneração e desenvolvimento urbano.
- Em 29 de julho de 1981, Charles casou-se com Lady Diana Frances Spencer, filha do 8º Conde Spencer; o casamento real foi um evento de mídia global, transmitido ao vivo pela televisão e visto por centenas de milhões de pessoas.

Questões de pesquisa

1. Quem você acha que é o membro mais importante da família real britânica?

2. Se você pudesse escolher qualquer 2 colegas reais para passar tempo com e ter conversas de chá toda semana, quem seria?

3. Como estar associado com a Coroa "muda" as coisas?

Diana (1961-1997)

A esposa de Charles | A filha da Rainha de direito | Princesa de Gales

A obsessão internacional com Diana, princesa de Gales, foi um fenômeno da era da televisão, do jornalismo tablóide, das torneiras telefônicas e das lentes telefoto. Os infiltrados revelaram detalhes altamente pessoais em livros e entrevistas de talk-show.

Fotos candidatas vendidas por centenas de milhares de dólares. Durante os 16 anos desde seu casamento até sua morte súbita, milhões seguiram a história da jovem mulher de habilidades comuns empurradas para circunstâncias extraordinárias, que se elevou acima de seus problemas para se tornar uma das mulheres mais admiradas do mundo.

Diana Frances Spencer nasceu em 1º de julho de 1961, na Park House, a casa que seus pais alugaram na propriedade da Rainha Elizabeth em Sandringham, Norfolk, Inglaterra. A terceira criança e terceira filha de Edward John, Visconde Althorp (mais tarde o 8º Conde Spencer), e sua primeira esposa, Frances Roche, Diana cresceu sabendo que seus pais tinham esperança de um menino. O quarto filho deles era finalmente um filho, Charles. Os pais de Diana se separaram no verão em que Diana atingiu a idade de 6 anos. O acordo de divórcio deu a custódia dos filhos aos viscondes.

Diana e seu irmão passaram os anos seguintes fechados entre as casas de seus pais, aos cuidados de uma série de babás. Suas irmãs mais velhas, Sarah e Jane, já estavam fora no colégio interno. Diana cuidou de seu irmão até que ela tivesse idade suficiente para o internato.

Em setembro de 1970, Diana foi para o Riddlesworth Hall, um internato preparatório em Norfolk. Ela era fraca nos estudos, mas adorava balé, natação e tênis.

Em 1974 ela se matriculou na escola West Heath, uma escola secundária particular perto de Sevenoaks, Kent, onde sua mãe e suas irmãs tinham ido antes dela. Ela leu romances e continuou a dançar, embora seu sonho de se tornar uma bailarina tenha se desvanecido à medida que sua altura aumentava para 1,8 metros. O currículo do West Heath enfatizava o serviço comunitário. Diana gostava de fazer recados para uma mulher mais velha no vilarejo e ser voluntária em uma casa para deficientes mentais e físicos.

Ela se tornou Lady Diana Spencer em 1975, quando seu pai herdou o ouvido de Spencer. A família mudou-se da Park House para a enorme propriedade de Althorp, a 9,7 quilômetros de Northampton. Diana deixou a escola pública em 1977 e completou sua educação formal aos 16 anos de idade com alguns meses em uma escola de acabamento na Suíça, onde ela se tornou uma esquiadora competente.

Diana viveu por um tempo com sua mãe em Londres. Por seu 18º aniversário, seus pais lhe deram um apartamento em Londres, que ela dividiu com amigos. Logo depois de se mudar, ela conseguiu um trabalho regular em meio período como assistente em um jardim de infância de prestígio.

Diana conheceu Charles Philip Arthur George, príncipe de Gales e herdeiro do trono britânico, quando ele estava cortejando sua irmã Sarah. Diana o viu mais vezes depois que sua irmã Jane se casou com Robert Fellowes, que trabalhava no Palácio de Buckingham. Charles era quase 13 anos mais velho que Diana. Ele havia se formado na Universidade de Cambridge com honras na história e serviu por cinco anos na Marinha Real. Quieto e sério, ele gostava de relaxar no campo, pintar, discutir livros, pescar e jogar pólo.

Quando Charles começou a cortejar Diana no verão de 1980, a opinião pública a declarou adequada. Ela era inglesa, aristocrática, discreta a ponto de ser tímida, bem-humorada, saudável e extremamente fotogênica. Sua reputação pessoal era imaculada, e ela encantava a imprensa.

Repórteres saudaram o anúncio em 24 de fevereiro de 1981, de que o príncipe de Gales se casaria com o assistente do professor do jardim de infância de 19 anos. O casamento, em 29 de julho de 1981, na Catedral de St. Paul, Londres, foi uma ocasião real espetacular e um dia de festa nacional. A cobertura de rádio e televisão levou a cerimônia a uma audiência estimada em 1 bilhão de ouvintes e telespectadores ao redor do mundo.

O casal fez sua casa no Palácio Kensington, em Londres. Enormes multidões apareceram para suas aparições públicas, praticamente ignorando o príncipe em sua ânsia de ver a princesa. O talento de Diana para o vestuário impulsionou a indústria da moda britânica.

O chapéu e as luvas obrigatórias não podiam esconder sua facilidade natural com as pessoas, especialmente as crianças e os idosos. Outra excitação veio com o anúncio, em novembro, de que o casal estava esperando uma criança. O príncipe William Arthur Philip Louis nasceu em 21 de junho de 1982. O príncipe Henry Charles Albert David seguiu-o em 15 de setembro de 1984. Diana e Charles, entretanto, estavam descobrindo que tinham poucos outros interesses em comum.

O lendário casamento mostrou rapidamente sinais de tensão. Diana era afetuosa e emotiva; seu marido era intelectual e reservado. Ela gostava de compras e restaurantes; ele preferia o sossego da Escócia rural. Diana tinha pouca independência; os cortesãos fixavam sua agenda com meses de antecedência.

Diana seguiu de perto as reportagens dos jornais, sua confiança reforçada por sua popularidade, mas abalada por qualquer crítica. Por trás de um fingimento público, sua vida privada foi marcada por distúrbios alimentares, depressão, lágrimas, raivas e ocasionais ameaças de suicídio. Charles começou a evitá-la quando pôde. Diana tentou lidar com isso, concentrando-se em seus filhos, passando horas ao telefone com amigos e experimentando massagens, acupuntura e uma variedade de terapias da Nova Era.

Por volta de 1986, a Diana começou a descobrir um novo sentido de propósito. Um conhecido sugeriu que ela usasse seus deveres públicos e sofrimentos privados como um caminho para o crescimento espiritual pessoal. Sarah Ferguson, que se casou com o irmão do príncipe Charles, o príncipe Andrew, encorajou Diana a relaxar e tomar suas próprias decisões. Diana leu a literatura feminista e cresceu em autoconfiança.

Diana começou a falar pelos doentes, pelos indigentes, pelas crianças e pelos idosos. Sua atividade como padroeira do London City Ballet e do English National Ballet trouxe uma estreita amizade com um homem que morreu de AIDS (síndrome da imunodeficiência adquirida). Apesar da desaprovação de alguns cortesãos, ela trabalhou para reduzir o estigma da doença assistindo aos benefícios da AIDS e retirando suas luvas para apertar a mão dos pacientes com AIDS.

O envolvimento de Diana em qualquer causa ou evento atraiu um tremendo interesse da mídia. Embora ela reclamasse frequentemente de ser perseguida por fotógrafos agressivos conhecidos como paparazzi, ela usou a imprensa para chamar a atenção do público e contribuir financeiramente para as causas que ela abraçou. Diana ficou gratificada ao ver a atenção da mídia se voltar de suas roupas para suas atividades substantivas.

Os tablóides apreciaram vislumbres periódicos de rachaduras na fachada conjugal. Em 1986, a dupla manteve calendários tão separados que a rainha ordenou que eles aparecessem juntos em público para reprimir os rumores. Uma biografia simpática de Diana, de Andrew Morton, que foi duramente crítica ao Príncipe Charles, foi publicada em junho de 1992 e publicada em série no Sunday Times em julho.

A separação de Diana e Charles foi anunciada na Câmara dos Comuns em 9 de dezembro de 1992. Diana se engajou em seu trabalho em prol de uma variedade de causas: ela confortou pacientes com AIDS, os sem-teto, mulheres maltratadas e crianças abusadas sexualmente; trabalhou para prevenir o vício em drogas e a lepra; e promoveu a Cruz Vermelha e as necessidades dos países em desenvolvimento.

Em dezembro, Diana anunciou sua saída de muitos deveres públicos para dar a si mesma "tempo e espaço". Embora a rainha tenha deixado de enviá-la ao exterior para representar a Grã-Bretanha, a princesa continuou a viajar como padroeira de instituições privadas de caridade selecionadas.

Com suas diferenças em aberto, Diana e Charles competiram pela simpatia do público. O escrutínio da mídia atingiu seu auge em 1994 e 1995, quando tanto o príncipe Charles quanto a princesa Diana revelaram que haviam se envolvido em assuntos extraconjugais. Os dois acabaram se divorciando em 28 de agosto de 1996. Diana manteve o título de Princesa de Gales, mas foi obrigada a renunciar ao título de Sua Alteza Real.

Nos meses após seu divórcio, Diana liderou uma cruzada contra a fabricação e o uso de minas terrestres antipessoais, que havia mutilado inúmeros civis em regiões devastadas pela guerra em todo o mundo. A devoção sincera de Diana às necessidades humanas combinada com sua presença carismática fez da princesa de Gales a figura real mais popular na Grã-Bretanha.

Durante o verão de 1997, os tablóides londrinos revelaram no romance de Diana com Emad Mohamed (Dodi) al-Fayed, um multimilionário nascido no Egito cujo pai era dono da loja de departamentos Harrods em Londres. Fotografias do par vendidas por enormes somas.

Na noite de sábado, 30 de agosto, em Paris, França, um grupo de paparazzi perseguiu um carro que transportava Diana e Fayed. Seu motorista aparentemente ultrapassou bem o limite de velocidade para fugir dos fotógrafos. O carro saiu da parede de um túnel subterrâneo e foi parar em um pilar de apoio.

O motorista e Fayed morreram imediatamente. Um guarda-costas galês foi gravemente ferido, mas sobreviveu. A princesa Diana foi levada apressadamente para um hospital próximo e foi declarada morta nas primeiras horas de 31 de agosto de 1997. A Grã-Bretanha entrou em luto nacional. O funeral de Diana na Abadia de Westminster, no sábado, 6 de setembro, foi transmitido pela televisão em todo o mundo.

Embora os fotógrafos tenham sido inicialmente culpados por causar o acidente que matou Diana, um juiz francês em 1999 os ilibou de qualquer ato ilícito, ao invés de culpar o motorista. Descobriu-se que o motorista tinha um nível de álcool no sangue acima do limite legal no momento do acidente e que tinha tomado drogas incompatíveis com o álcool.

Em 2006, um inquérito da Scotland Yard sobre o incidente também concluiu que o motorista estava em falta. Em abril de 2008, entretanto, um júri britânico de inquérito julgou tanto o motorista quanto os paparazzi culpados de assassinato ilegal por condução extremamente negligente. Ele não encontrou nenhuma evidência, no entanto, de uma conspiração para matar Diana ou Fayed, uma acusação há muito feita pelo pai de Fayed.

Destaques

- Para garantir que William e Harry tivessem "uma compreensão das emoções das pessoas, de suas inseguranças, da angústia das pessoas, de suas esperanças e sonhos", Diana trouxe seus filhos com ela para hospitais, abrigos para sem-teto e orfanatos.
- Para conhecê-los do mundo fora do privilégio real, Diana os levou a restaurantes de fast food e em transporte público.
- A compaixão, o calor pessoal, a humildade e a acessibilidade de Diana lhe renderam o sobriquete "a Princesa do Povo".
- Há muito tempo uma das mulheres mais fotografadas do mundo, a popularidade sem precedentes de Diana tanto na Grã-Bretanha quanto no exterior continuou após seu divórcio.

Questões de pesquisa

1. Se Lady Diana ainda estivesse viva e se tornasse rainha, o que
   você acha que ela faria de diferente de Charles?
2. O que você acha do velho e do novo cenário da família real?
3. Agora que há tantos membros femininos, que detinham ou detêm
   o maior poder na família e como?

William (nascido em 1982)

O filho mais velho de Charles | Duque de Cambridge | Conde de Strathearn | Barão de Carrickfergus

O filho mais velho de Carlos, príncipe de Gales, e Diana, princesa de Gales, o príncipe William foi o segundo na linha (depois de Carlos) para o trono britânico. Classificado entre as figuras mais populares da família real, ele foi admirado por sua postura e graça após a morte de sua mãe em um acidente de carro em Paris, França, em 1997.

William Arthur Philip Louis Windsor nasceu em 21 de junho de 1982, em Paddington, Londres, Inglaterra. Ele freqüentou a Escola Ludgrove em Berkshire de 1990 a 1995 e depois o Colégio Eton em Windsor de 1995 a 2000. Após um ano de viagem, matriculou-se na Universidade de St. Andrews na Escócia, onde estudou arte e, mais tarde, geografia. Durante este período, ele foi voluntário no Chile, trabalhou em uma fazenda de laticínios britânica e visitou Belize e países na África. Em 2005, ele se formou em St. Andrews.

Em 2006 William ingressou na Academia Militar Real Sandhurst. Em 2008 ele foi designado para a Real Força Aérea e depois para a Marinha Real, para que pudesse adquirir experiência nos três principais ramos dos serviços armados.

Os oficiais militares preferiram que ele não servisse em uma zona de combate, observando que ele poderia se tornar um alvo de ataque, pondo assim seus companheiros soldados em risco. Posteriormente, ele se juntou à equipe de busca e salvamento da Força Aérea Real, que opera fora de combate, e realizou sua primeira missão como piloto de helicóptero em outubro de 2010.

Em novembro de 2010 foi anunciado que William se casaria com sua namorada de longa data, Catherine ("Kate") Middleton, que ele conhecera na Universidade de St. Andrews. O casamento real aconteceu em 29 de abril de 2011, na Abadia de Westminster, em Londres.

Guilherme tornou-se Príncipe William, Duque de Cambridge, Conde de Strathearn e Barão Carrickfergus. O primeiro filho de Guilherme e Catarina, um filho - o príncipe George Alexander Louis de Cambridge - nasceu em 22 de julho de 2013. Sua filha, a princesa Charlotte Elizabeth Diana, de Cambridge, nasceu em 2 de maio de 2015. Seu segundo filho, o príncipe Louis Arthur Charles de Cambridge, nasceu em 23 de abril de 2018.

Destaques

- Antes de se matricular na Universidade de St. Andrews na Escócia, onde William estudou história da arte e, mais tarde, geografia, William passou um ano viajando.
- Tendo sido exposto a atividades caritativas no início de sua vida por sua mãe, William foi voluntário no Chile.
- Em 2008, William passou a fazer parte da Força Aérea Real e depois da Marinha Real, para que pudesse adquirir experiência nos três principais ramos dos serviços armados.
- Em novembro de 2010 foi anunciado que William se casaria com sua namorada de longa data, Catherine (Kate) Middleton, que ele conhecera em St. Andrews.
- O casamento real ocorreu em 29 de abril de 2011, na Abadia de Westminster, em Londres.

1. Há algo que todos deveriam saber sobre a realeza britânica que já não sabem?
2. Quem são seus canais preferidos para seguir no twitter ou Instagram?
3. Qual é seu fato real favorito?

Catherine (nascida em 1982)

A esposa do príncipe William | A neta da rainha de direito | Duquesa de Cambridge

A socialite britânica Catherine Middleton suportou calmamente anos de intenso escrutínio da mídia depois que começou a namorar o Príncipe William de Gales. Em 2011 o casal se casou, e Catherine foi recebida na família real.

Catherine Elizabeth Middleton, apelidada de Kate, nasceu em 9 de janeiro de 1982, em Reading, Berkshire, Inglaterra. Seus pais se conheceram enquanto trabalhavam como assistentes de bordo na British Airways. Em 1987, eles fundaram um negócio de venda por correspondência de suprimentos para festas de crianças.

O empreendimento fez deles milionários e permitiu que enviassem sua filha para o prestigioso Marlborough College em Wiltshire, Inglaterra. Em Marlborough, ela se destacou tanto no atletismo - ela foi a capitã da equipe de hóquei de campo da escola - quanto no meio acadêmico.

Em 2001, Middleton começou a freqüentar a Universidade de St. Andrews, na Escócia. Enquanto lá conheceu William, um estudante de história da arte do primeiro ano que foi o segundo na fila (depois de seu pai, Charles) para o trono britânico.

Os dois começaram a namorar, e seu relacionamento foi tornado público em 2004, quando foram fotografados em férias na Suíça. Após formar-se em St. Andrews em 2005, Middleton trabalhou brevemente como comprador de acessórios para um varejista de roupas. Mais tarde, ela desempenhou várias funções na empresa de seus pais enquanto também realizava uma série de trabalhos de caridade.

Foi anunciado em novembro de 2010 que Middleton e William tinham se engajado. Em preparação para a entrada na família real, Middleton decidiu começar a usar seu nome próprio, Catherine. O casamento real aconteceu em 29 de abril de 2011, na Abadia de Westminster, e Middleton recebeu o título de duquesa de Cambridge.

Em 22 de julho de 2013, nasceu o primeiro filho do casal, um filho - o príncipe George Alexander Louis de Cambridge. Sua filha, a princesa Charlotte Elizabeth Diana, de Cambridge, nasceu em 2 de maio de 2015. Catherine deu à luz um segundo filho, o príncipe Louis Arthur Charles de Cambridge, em 23 de abril de 2018.

Destaques

- Em Marlborough, Catherine (então chamada Kate) era conhecida como uma aluna séria e de alto nível, destacando-se tanto no atletismo - ela era a capitã da equipe de hóquei de campo da escola - quanto no meio acadêmico.
- Em 2001, Kate foi para a Universidade de St. Andrews na Escócia, onde conheceu o Príncipe William, um estudante de história da arte do primeiro ano que foi o segundo na linha (depois de seu pai, Charles) para o trono britânico.
- Os dois começaram a namorar, embora sua relação não tenha sido tornada pública até serem fotografados juntos em férias na Suíça em 2004.
- Após vários anos de intensa especulação da mídia britânica sobre os planos de casamento do casal - durante os quais Kate foi

apelidada de "Waity Katie" - foi anunciado em novembro de 2010 que as duas haviam ficado noivas.

1. Onde você prefere morar: Austrália ou Grã-Bretanha?
2. O que você acha dos estilos de roupa de Catherine?
3. Quais são seus pensamentos sobre Catarina como uma potencial Rainha?

Harry (nascido em 1984)

O filho mais novo de Charles | Duque de Sussex | Conde de Dumbarton | Barão Kilkeel

O príncipe Harry é o filho mais novo de Carlos, príncipe de Gales, e Diana, princesa de Gales. Seu pai é o próximo na fila para o trono britânico.

O príncipe Henry Charles Albert David nasceu em Londres, Inglaterra, em 15 de setembro de 1984. Ele é comumente conhecido como o Príncipe Harry. Ele foi o segundo filho do Príncipe Carlos e da Princesa Diana. Seu irmão, o príncipe Guilherme, é dois anos mais velho. Sua avó é a rainha Elizabeth II.

Como seu irmão mais velho, Harry freqüentou uma seqüência de escolas particulares antes de entrar no prestigioso Colégio Eton. Depois de se formar em Eton em 2003, Harry visitou a Argentina e a África. Ele trabalhou em uma fazenda de gado na Austrália e em um orfanato no Lesoto. Em vez de ir para a universidade, Harry entrou na principal academia militar de Sandhurst-Bretanha para treinar oficiais do exército - em maio de 2005. Ele foi nomeado oficial em abril de 2006.

Como parte da família real britânica, Harry era freqüentemente objeto de atenção da mídia. Em janeiro de 2005, ele encontrou críticas intensas quando compareceu a uma festa vestindo um uniforme nazista com uma faixa de braço suástica. Mais tarde, o príncipe pediu desculpas pelo que ele admitiu ter sido um grave erro de julgamento.

Em fevereiro de 2007, foi anunciado que o regimento do exército de Harry seria enviado ao Iraque. Entretanto, a conselho dos serviços armados, foi decidido que nem Harry nem William serviriam com as forças britânicas no Iraque por medo de que se tornassem alvos específicos de ataque e assim colocassem seus companheiros soldados em risco excessivo.

No ano seguinte, Harry serviu uma turnê de 10 semanas no Afeganistão depois que a mídia britânica concordou em não divulgar detalhes de seu serviço. Sua turnê terminou depois que os noticiários estrangeiros noticiaram seu destacamento.

Ativo em várias causas, Harry em 2006 ajudou a fundar uma instituição de caridade para crianças no Lesoto. Foi dedicada a sua mãe, que havia falecido em 1997. Em 2007, Harry e William realizaram uma cerimônia memorial para comemorar o 10º aniversário da morte de Diana.

Depois de participar dos Jogos Guerreiros para veteranos e veteranos feridos dos EUA, Harry fundou os Jogos Invictus, uma competição esportiva internacional para veteranos e veteranos feridos e doentes. Os Jogos Invictus estrearam em Londres em 2014.

Em 2017, Harry tornou-se noivo da atriz americana Meghan Markle. O casal se casou em 19 de maio de 2018. Eles receberam então os títulos de duque e duquesa de Sussex. Meghan deu à luz a seu filho, Archie Harrison Mountbatten-Windsor, em 6 de maio de 2019. Harry e Meghan queriam viver uma vida mais privada, e sua cobertura na imprensa tornou-se cada vez mais negativa.

Além disso, parecia haver tensões crescentes entre o casal e outros reais. Em janeiro de 2020, Harry e Meghan anunciaram que "se afastariam" de seus deveres reais e trabalhariam para se tornarem "financeiramente independentes". Além disso, eles planejavam dividir seu tempo entre o Reino Unido e a América do Norte.

Após negociações com o palácio, foi anunciado que Harry e Meghan "não mais [seriam] membros trabalhadores da Família Real". Com esta mudança de status, eles não mais usariam os títulos de Sua Alteza Real (ou dela). As mudanças entraram em vigor em 31 de março de 2020.

Destaques

- Harry foi ativo em várias causas, incluindo a conservação da vida selvagem na África. Em 2006 ele ajudou a fundar uma instituição de caridade para crianças no Lesoto; ela foi dedicada a sua mãe, que havia morrido em 1997.
- Depois de assistir e ficar impressionado com os Jogos de Guerreiros para veteranos e prestadores de serviços americanos lesionados, Harry fundou os Jogos Invictus, uma competição esportiva internacional para veteranos e prestadores de serviços lesionados e doentes.
- Em maio de 2018 Harry casou-se com Meghan Markle - uma atriz americana divorciada, filha de uma mãe afro-americana e de um pai branco - cuja aproximação informal e calor pessoal irreprimível faziam lembrar a muito amada Diana, lembrada como a "Princesa do Povo".

Questões de pesquisa

---

1. Qual foi sua primeira reação ao Casamento Real entre o Príncipe Harry e Meghan Markle?
2. Qual é sua opinião sobre a relação entre o príncipe Harry e Meghan Markle?
3. Você é mais um Harry ou uma pessoa William?

Meghan (nascida em 1981)

A esposa do Príncipe Henrique | A neta da Rainha | Duquesa de Sussex | Baronesa Kilkeel

A atriz americana Meghan Markle estrelou na série de televisão Suits de 2011 a 2017. Ela se tornou membro da família real britânica em 2018, quando se casou com o príncipe Harry. Naquela época, seu título tornou-se a duquesa de Sussex.

Rachel Meghan Markle nasceu em 4 de agosto de 1981, em Los Angeles, Califórnia. Ela era filha de uma mãe afro-americana e de um pai branco. Sua mãe era assistente social, e seu pai era diretor de iluminação e diretor de fotografia de um programa de televisão.

O casal se divorciou quando Markle tinha seis anos, e ela viveu com sua mãe na Califórnia. Markle estudou na Northwestern University em Illinois. Ela se formou em 2003 com bacharelado em teatro e estudos internacionais.

Após a formatura, Markle retornou à Califórnia, onde começou a fazer uma audição para desempenhar papéis de atriz. Sua primeira aparição na televisão foi em um episódio da novela General Hospital, em 2002. Nos anos seguintes, Markle estrelou ou teve pequenas peças recorrentes em programas como 90210, Without a Trace, e Fringe.

Meghan também assumiu trabalhos estranhos, tais como trabalhar como calígrafo, para ajudar a se sustentar. Sua grande chance veio em 2011, quando ela começou a interpretar Rachel Zane no drama de TV Suits. A personagem era uma paralegal que foi para a faculdade de direito e acabou se tornando advogada. Markle também apareceu em vários filmes, incluindo Horrible Bosses (2011), Random Encounters (2013), e Anti-Social (2015). Markle casou-se com o produtor de filmes e agente de talentos Trevor Engelson em 2011. Os dois se divorciaram em 2013.

Markle esteve envolvido em trabalhos caritativos durante grande parte de sua vida. Quando criança, ela trabalhava em cozinhas de sopa. Em 2015, ela foi advogada das Nações Unidas para a participação política e liderança das mulheres. No ano seguinte, tornou-se embaixadora global da Visão Mundial, uma organização dedicada a combater a pobreza e a injustiça na vida das crianças.

Com o grupo ela visitou Ruanda, onde Meghan conheceu pessoas envolvidas com a campanha de água limpa da organização. Meghan também trabalhou em prol da igualdade de gênero. Markle freqüentemente incluía informações sobre sua filantropia em seu blog sobre seu estilo de vida, The Tig. Ela também postou artigos sobre tópicos gerais como comida, viagens e moda. Ela manteve o site da Web de 2014 a 2017.

Harry e Markle começaram a namorar em 2016 depois que um amigo em comum os colocou em um encontro às cegas. Casaram-se em 19 de maio de 2018, na Capela de St. George, no Castelo de Windsor. O casal teve um filho, Archie Harrison Mountbatten-Windsor, que nasceu em 6 de maio de 2019. No início de 2020, o casal anunciou que iria "recuar" de seus deveres reais e trabalhar para se tornar "financeiramente independente".

Além disso, eles planejaram dividir seu tempo entre o Reino Unido e a América do Norte. Após negociações com o palácio, foi anunciado que a partir de 31 de março de 2020, Harry e Meghan "não mais [seriam] membros trabalhadores da Família Real". Com essa mudança, eles ainda seriam chamados de duque e duquesa de Sussex, mas não seriam conhecidos como Sua Alteza Real.

Destaques

- Em 1995, ela teve um papel não acreditado na sitcom Casada... com filhos, para a qual seu pai serviu como diretor de iluminação e fotografia.
- Após graduar-se na Immaculate Heart High School, uma escola católica romana só para meninas, em 1999, Markle estudou teatro e estudos internacionais na Northwestern University em Evanston, Illinois (B.A., 2003).
- A grande chance de Meghan chegou quando ela foi elenco da paralegal Rachel Zane na popular série de drama jurídico da Rede USA Suits (2011-19).
- Além disso, Meghan discutiu publicamente política e assuntos pessoais que foram considerados tópicos impróprios para os membros da família real.

Questões de pesquisa

---

1. Independentemente de sua opinião sobre as notícias de Harry e Meghan, quais são algumas previsões para a vida de seus filhos?
2. O que você pensa sobre a probabilidade de outro bebê real acontecer em breve?
3. Como você acha que uma nova realeza entrará para a história?

Seu Presente

Você tem um livro em suas mãos.

Não é um livro qualquer, é um livro de livros para a imprensa estudantil!
Nós escrevemos sobre os heróis negros, a capacitação das mulheres,
mitologia, filosofia, história, e outros assuntos interessantes!

Desde que você comprou um livro, queremos que você tenha outro de
graça.

Tudo o que você precisa é um endereço de e-mail e a possibilidade de
assinar nossa newsletter (o que significa que você pode cancelar a
inscrição a qualquer momento).

Então, do que você está esperando? Inscreva-se hoje e reclame seu livro
gratuito imediatamente! Tudo o que você precisa fazer é visitar o link
abaixo e digitar seu endereço de e-mail. Você receberá o link para baixar a
versão em PDF do livro imediatamente para que possa ser lido offline a
qualquer momento.

E não se preocupe - não há taxas de captura ou escondidas; apenas um
bom brinde à moda antiga de nós aqui na Student Press Books.

Visite este link agora mesmo e inscreva-se para receber seu exemplar
gratuito de um de nossos livros!

Link: https://campsite.bio/studentpressbooks

Livros

Nossos livros estão disponíveis em todos os principais revendedores de livros on-line. Confira os pacotes digitais de nossos livros aqui: https://payhip.com/studentPressBooksPTBR

A série de livros História da Negritude

Bem-vindo à série de livros História da Negritude. Conheça negros que são exemplos de conduta com estas biografias inspiradoras sobre negros inovadores da América, África e Europa. Todos nós sabemos que a História da Negritude é importante, mas pode ser difícil encontrar boas fontes.

Muitos de nós estamos familiarizados com uma desconfiança habitual em relação aos livros de cultura e história que apenas apresentam personagens muito populares, mas estes livros também apresentam heróis negros menos conhecidos e heroínas do mundo inteiro cujas histórias merecem ser contadas. Estes livros de biografia o ajudarão a entender melhor como o sofrimento e as ações das pessoas moldaram seus países e comunidades para gerações futuras.

Títulos disponíveis:

1. 21 Heróis Negros Inspiradores: A vida de Realizadores Importantes do século 20: Martin Luther King Jr., Malcolm X, Bob Marley & Outros
2. 21 Heroínas Negras Excepcionais: História de Negras Importantes do Século 20: Daisy Bates, Maya Angelou & Outras

A série de livros Empoderamento Feminino.

Bem-vindo à série de livros Empoderamento Feminino. Aprenda sobre modelos femininos destemidos dos tempos modernos com estas biografias inspiradoras de homens e mulheres inovadoras do mundo inteiro. O empoderamento feminino é um tópico importante que merece mais atenção do que recebe. Durante séculos foi dito às mulheres que seu lugar é no lar, mas isto nunca foi verdade para todas as mulheres ou mesmo para a maioria delas.

As mulheres ainda estão sub representadas nos livros de história e as que são apresentadas tendem a ser relegadas a algumas páginas. No entanto, a história está repleta de histórias de mulheres fortes, inteligentes e independentes que superaram obstáculos e mudaram o curso da história simplesmente porque queriam viver suas próprias vidas.

Estes livros biográficos o inspirarão enquanto também ensinam lições valiosas sobre perseverança e superação de adversidades! Aprenda com estes exemplos que tudo é possível se você trabalhar duro o suficiente para isso!

Títulos disponíveis:

1. 21 Mulheres Excepcionais: A vida de Lutadores pela Liberdade e Rompedoras de Barreiras: Angela Davis, Marie Curie, Jane Goodall & Outras
2. 21 Mulheres Inspiradoras: A Vida de Mulheres Corajosas e Influentes do Século 20: Kamala Harris, Madre Teresa & Mais
3. 21 Mulheres Fantásticas: A Vida Inspiradora de Artistas Criativas do Século 20: Madonna, Yayoi Kusama & Mais
4. 21 Mulheres Incríveis: As Vidas Influentes de Mulheres Ousadas na Ciência do Século 20

A série de livros dos Líderes Mundiais.

Bem-vindo à série de livros dos Líderes Mundiais. Descubra os modelos de conduta reais e presidenciais do Reino Unido, EUA e outros países. Com estas biografias inspiradoras sobre as famílias reais, presidentes e chefes de estado você aprenderá sobre as pessoas corajosas que ousaram liderar, incluindo citações, fotos e fatos raros.

As pessoas são fascinadas pela história e pela política e por aqueles que a moldaram. Estes livros apresentam novas perspectivas sobre a vida de figuras notáveis. Esta série é perfeita para qualquer um que queira aprender mais sobre os grandes líderes de nosso mundo; jovens leitores ambiciosos e adultos que gostam de ler sobre pessoas interessantes.

Títulos disponíveis:

1. Os 11 Membros da Realeza Britânica: A Biografia da Casa de Windsor: Rainha Elizabeth II e Príncipe Philip, Harry e Meghan, e Outros
2. Os 46 Presidentes dos Estados Unidos: Suas Histórias, Conquistas e Legados: De George Washington a Joe Biden
3. Os 46 Presidentes dos Estados Unidos: Suas Histórias, Conquistas e Legados - Edição Estendida

A série de livros de Mitologia Cativante.

Bem-vindo à série de livros de Mitologia Cativante. Conheça os Deuses e Deusas do Egito e da Grécia, as divindades nórdicas e outras criaturas mitológicas.

Quem são estes antigos deuses e deusas? O que sabemos sobre eles? Quem realmente eram? Por que as pessoas os adoravam nos tempos antigos e de onde vinham esses deuses?

Estes livros apresentam novas perspectivas sobre os deuses antigos que inspirarão os leitores a compreender seu lugar na sociedade e aprender sobre a história. Estes livros de mitologia também abordam tópicos que a influenciaram a religião, literatura e arte, através de um formato envolvente com fotos ou ilustrações atraentes.

Títulos disponíveis:

1. Egito Antigo: Um Guia para os Misteriosos Deuses e Deusas Egípcias: Amun-Ra, Osiris, Anubis, Horus & Outros
2. Grécia Antiga: Um Guia dos Deuses Gregos Clássicos, Deusas, Deidades, Titãs e Heróis: Zeus, Poseidon, Apollo & Outros
3. Antigos Contos Nórdicos: Descubra os Deuses, Deusas e Gigantes dos Vikings: Odin, Loki, Thor, Freya & Outros

A série de livros de Teoria Simples.

Bem-vindo à série de livros Teoria Simples. Conheça a Filosofia, as ideias de filósofos antigos e outras teorias interessantes. Estes livros apresentam as biografias e ideias dos filósofos mais populares de lugares como a Grécia antiga e a China.

A filosofia é um assunto complexo e muitas pessoas lutam para entender até mesmo o básico dela. Estes livros são projetados para ajudá-lo a aprender mais sobre filosofia e são originais por causa de sua abordagem simples. Nunca foi tão fácil ou mais divertido obter uma maior compreensão da filosofia do que com estes livros. Além disso, cada livro também inclui perguntas para que você possa se aprofundar em seus próprios pensamentos e opiniões!

Títulos disponíveis:

1. Filosofia Grega: As Vidas e Ideias dos Filósofos da Grécia Antiga : Sócrates, Platão, Pitágoras e outros
2. Ética e Moralidade: Filosofia Moral, Bioética, Desafios Médicos e Filósofos Afins

A série de livros "Empoderamento de Jovens Empreendedores".

Bem-vindo à série de livros "Empoderamento de Jovens Empreendedores". Nunca é cedo demais para jovens ambiciosos iniciarem suas carreiras! Quer você seja um indivíduo de espírito empresarial tentando construir seu próprio império, quer seja um aspirante a empresário começando um longo e sinuoso caminho, estes livros o inspirarão com as histórias de empresários de sucesso.

Aprenda sobre suas vidas e seus fracassos e sucessos que farão você querer ter o controle de sua vida em vez de simplesmente vivê-la!

Títulos disponíveis:

1. 21 Empreendedores Bem-sucedidos: As vidas de realizadores importantes do século 20: Elon Musk, Steve Jobs e Outros
2. 21 Empreendedores Revolucionários: As vidas de empresários incríveis do século 19: Henry Ford, Thomas Edison e outros

A série de livros História Fácil.

Bem-vindo à série de livros História Fácil. Explore vários assuntos históricos desde a idade da pedra até os tempos modernos, mais as ideias e pessoas influentes que viveram ao longo dos tempos.

Estes livros são uma ótima maneira de entusiasmá-lo com a história. As pessoas são muitas vezes desligadas de livros com textos secos e chatos, mas elas adoram histórias de pessoas comuns que fizeram a diferença no mundo. Estes livros lhe dão essa oportunidade enquanto ainda lhe dão informações históricas importantes.

Títulos disponíveis:

1. Primeira Guerra Mundial: A Primeira Guerra Mundial, suas Grandes Batalhas e o Povo e as Forças Envolvidas
2. Segunda Guerra Mundial: A História da Segunda Guerra Mundial, Hitler, Mussolini, Churchill e outros personagens-chave envolvidos
3. O Holocausto: Os nazistas, a Ascensão do antissemitismo, Kristallnacht e os Campos de Concentração Auschwitz & Bergen-Belsen
4. A Revolução Francesa: O Antigo Regime, Napoleão Bonaparte, e as Guerras Revolucionária Francesa, Napoleônica e de Vendée

Nossos livros estão disponíveis em todos os principais revendedores de livros on-line. Confira os pacotes digitais de nossos livros aqui: https://payhip.com/studentPressBooksPTBR

Conclusão

Esperamos que tenha gostado de ler sobre os 11 membros da realeza britânica da casa de Windsor.

De George V à Rainha Elizabeth II e seus netos - este livro é uma viagem no tempo através dos séculos na Casa de Windsor.

Quer você esteja apenas começando ou tenha seguido estes membros da família real durante toda sua vida, sabemos que há algo aqui para todos. Por isso, vá em frente, sente-se ao lado de William e Kate quando eles firmam suas vidas juntos no Holyrood Palace, em Edimburgo.

Este livro é perfeito para todos os leitores que são fãs verdadeiros ou aqueles interessados em saber mais sobre a monarquia da Inglaterra!

Você já leu este conteúdo educacional? O que você achou? Deixe sua opinião fazendo uma bela resenha deste livro!

Nós amaríamos isso, então, não se esqueça de escrever uma!